Libro de firmas

D1608963

Nos alegra mucho que hayas elegido nuestro producto.
Esperamos que estés plenamente satisfecho y te
agradeceríamos mucho que dejaras **una reseña** al respecto.

Para nosotros la opinión y la satisfacción de los
clientes es fundamental y nos ayuda a comprender
cuáles son nuestros puntos fuertes y cuáles son los
aspectos que deberíamos mejorar.

Escanea el **código QR** o ve directamente a
la página amazon.es para escribir tu
opinión acerca del producto: ¡te tomará solo
un minuto de tu tiempo apoyarnos y permitirnos crecer!

¡Gracias!

Nombre:

Nombre:

Nombre:

Nombre:

Nombre:

Nombre:

....

....
....
....
....
....
....
....

Nombre:

Nombre:

Nombre:

....

....
....
....
....
....
....
....

Nombre:

Nombre:

Nombre:

Nombre:

Nombre:

Nombre:

Nombre:

Nombre:

....

....
....
....
....
....
....
....

Nombre:

Nombre:

Nombre:

Nombre:

Nombre:

Nombre:

Nombre:

Nombre:

Nombre:

Nombre:

....

....
....
....
....
....
....
....

Nombre:

Nombre:

Nombre:

Nombre:

Nombre:

Nombre:

Nombre:

Nombre:

. . . .

. . . .

. . . .

. . . .

. . . .

. . . .

Nombre:

Nombre:

Nombre:

· ·

· ·

· ·

· ·

· ·

· ·

· ·

Nombre:

....

....
. . . .
....
....
. . . .
. . . .

Nombre:

....

....
....
....
....
....
....

Nombre:

Nombre:

Nombre:

....

....

....

....

....

....

....

....

Nombre:

Nombre:

....

....
....
....
....
....
....

Nombre:

Nombre:

....

....
....
....
....
....
....

Nombre:

Nombre:

Nombre:

Nombre:

....

....

....

....

....

....

....

Nombre:

Nombre:

Nombre:

Nombre:

....

....

....

....

....

....

....

Nombre:

Nombre:

....

....

....

....

....

....

....

Nombre:

....

....

....

....

....

....

....

....

Foto con mamá

Foto con papá

DARIOS ADIOS

PREMIUM QUALITY

Made in the USA
Coppell, TX
18 April 2022

76735162R10057